152

VOYAGE D'UN LIVRE

A TRAVERS LA

BIBLIOTHÈQUE NATIONALE

VOYAGE D'UN LIVRE

A TRAVERS LA

BIBLIOTHÈQUE NATIONALE

Il a été tiré quatre-vingt-quinze exemplaires sur papier Whatman.

Paris. Imprimerie LAHURE, rue de Fleurus, 9.

VOYAGE D'UN LIVRE

A TRAVERS LA

BIBLIOTHÈQUE NATIONALE

PAR

HENRI BERALDI

(Extrait du Journal *LA NATURE*)

PARIS

G. MASSON, ÉDITEUR

120, BOULEVARD SAINT-GERMAIN

1893

VOYAGE D'UN LIVRE

A TRAVERS LA

BIBLIOTHÈQUE NATIONALE

Vu le nombre immense des articles qu'elle renferme, — plusieurs millions, — on peut, sans enflure, appeler la Bibliothèque Nationale un océan de livres ; océan sans évaporation qui, au contraire du tonneau des Danaïdes, ne laisse jamais rien perdre, et reçoit, reçoit constamment, de sorte que son niveau monte, monte chaque jour !

Cet océan, tout le monde le connaît pour en avoir côtoyé les bords, en passant rue de Richelieu, rue des Petits-Champs, rue Vivienne. Un nombre assurément élevé mais enfin relativement restreint de zélés en a une notion un peu plus intime pour y avoir fréquenté ce beau port de refuge qui s'appelle la Salle de Travail. Mais personne, ou peu s'en faut, n'a plongé dans les merveilleuses profondeurs du vaste dépôt, accessibles à ses seuls gardiens et fonctionnaires.

C'est dans ces profondeurs quasi sous-marines d'un local infiniment curieux, c'est à travers le fonctionnement d'un

1

immense service fait d'exactitude scrupuleuse et jamais lassée,
de minutie délicate, d'ordre savant et absolu, que nous allons
pénétrer, en prenant pour guide un volume quelconque que nous
serons censé suivre dans ses voyages à travers la Bibliothèque
Nationale, lesquels se divisent en quatre étapes :

1° Être admis, c'est-à-dire passer par le « Bureau des
Entrées » ;

2° Être coté, c'est-à-dire traverser le « Bureau du Catalogue » ;

5° Pénétrer dans le Dépôt, c'est-à-dire être placé sur les rayons ;

4° Remplir son but, qui est d'être communiqué au public,
c'est-à-dire être déplacé puis remis en place.

(Nous aurons aussi pour guide — et l'on ne saurait désirer
mieux — l'Administrateur général même de la Bibliothèque,
M. Léopold Delisle, dans ses *Notes sur le Département des Imprimés
de la Bibliothèque Nationale* (septembre 1891). C'est à lui que nous
demanderons les chiffres certains qu'il nous sera nécessaire de
citer.)

1

L'Imprimé entre à la Bibliothèque, sinon par trois portes,
du moins à trois titres différents. L'océan de la rue Richelieu
s'alimente :

1° Par les dons. Source d'un débit très honorable : 2500 à
3500 articles par an. Au besoin, la Bibliothèque ne se contente
pas d'attendre les dons : elle les provoque avec une séduction
infinie. Du fond du cabinet de l'Administrateur général (car les
dons ressortissent, comme affaire délicate, non au Bureau des
Entrées, mais au cabinet même de l'Administrateur) partent
des lettres, que les sirènes ne désavoueraient pas, et qui disent
mélodieusement à l'auteur d'un livre « combien il serait désirable
que notre grand Dépôt national ne fût pas privé de l'important
travail qui..., ou du précieux résultat des savantes recherches
que..., ou de l'œuvre si intéressante, si utile, dont..., etc. »
Si la lettre est de la main même de l'éminent M. Léopold Delisle
auquel nul détail de son administration ne demeure étranger,
elle est irrésistible.

2° Par les acquisitions. Source importante (4500 articles par
an) et surtout très pure, n'amenant jamais rien de banal ou
d'inutile. En effet, notre grand établissement n'a de ce chef qu'un
fort petit budget : 100 000 francs. Défalquez-en 50 000 pour frais
de reliure, et encore les achats de livres anciens, et encore le
remplacement des livres de lecture très courante et dont les

exemplaires de service finissent par être littéralement détruits
par les mains des travailleurs, et voyez ce qu'il reste pour se
procurer tout ce qui paraît à l'étranger de plus intéressant, de
plus indispensable. Il faut donc se borner et choisir. Aussi les
achats de la Bibliothèque sont-ils, d'obligation, mûrement
réfléchis, pesés, combinés, étudiés, et n'amènent, nous le répé-
tons, que des matériaux de travail certainement utiles. En fait
de travaux étrangers sur l'histoire de France et la littérature ou
la science françaises, il n'y a pas à choisir, il faut tout prendre.

5° Par le dépôt légal. Véritable fleuve qui, en 1890, a charrié
à la Bibliothèque 7 000 articles pour le dépôt de Paris et 15 000
pour les dépôts des départements; plus 6 000 morceaux de
musique. En tout 28 000 articles.

Une illusion à détruire en passant. Le public est tenté de
considérer le dépôt légal comme un moyen certain et infaillible
de possession pour la Bibliothèque. Or, il n'en est rien dans la
pratique, et voici où est le défaut. La loi du dépôt légal oblige
l'imprimeur à déposer l'imprimé *tel qu'il l'imprime*; elle ne
l'oblige pas à déposer le livre *tel qu'il est édité*. Il s'ensuit que,
pour les ouvrages à vignettes, à planches, à atlas, à gravures ou
lithographies, si les planches hors texte sont tirées dans une
autre imprimerie que la sienne, ou bien tirées à l'étranger —
et le cas est fréquent — l'imprimeur du texte n'est tenu de
déposer que son texte. D'où le dépôt d'ouvrages incomplets,
impropres au travail, et que la Bibliothèque aura un mal infini
à compléter, si même elle le peut.

Dans la pratique, les éditeurs, heureusement! déposent souvent
leurs ouvrages complets. Mais enfin, au point de vue absolu, le
remède serait dans l'établissement, pour le dépôt légal, de la

solidarité de l'imprimeur et de l'éditeur. Seulement une telle
disposition ne devra pas être rédigée à la légère, et par un

FIG. 1. — BUREAU DES ENTRÉES A LA BIBLIOTHÈQUE NATIONALE.
(DANS LE HAUT, LES RAYONS DE CLASSEMENT DES PÉRIODIQUES.)

législateur compétent à peu près : la moindre impropriété de
rédaction, en si délicate matière, pourrait avoir pour la Bibliothèque des résultats désastreux. Le remède serait pire que le mal.

Voici donc le livre déposé : à Paris, au Ministère de l'Intérieur directement; en province, à la Préfecture ou à la Sous-Préfecture, qui l'envoie au Ministère de l'Intérieur.

Si vous passez le vendredi rue de Richelieu, vous verrez peut-être sortir de la Bibliothèque une charrette à bras. C'est — permettez l'expression — le panier aux provisions : la Bibliothèque va faire sa provende hebdomadaire au Ministère de l'Intérieur. La charrette revient bientôt, chargée d'une moyenne de 500 articles.

Ces articles sont apportés au *Bureau des Entrées*, vaste local sis au rez-de-chaussée entre la rue de Richelieu et la cour de la Bibliothèque, du côté sud de la porte (fig. 1). Là les articles provenant du dépôt légal rejoignent — sans se mêler à eux — les articles provenant des acquisitions.

La fonction du Bureau des Entrées, divisé en deux services, *Acquisitions* et *Dépôt*, est d'assurer l'arrivée à la Bibliothèque de tous les imprimés, de conserver la trace de leur entrée et de les livrer *en état*, c'est-à-dire complets, collationnés, assemblés, coupés, reliés, estampillés et marqués d'un timbre et d'un numéro de provenance.

A leur arrivée, par achat ou par dépôt, les imprimés sont rangés méthodiquement dans des armoires *ad hoc*. Puis les employés du Bureau des Entrées les prennent un à un et les enregistrent : pour les acquisitions, sur le registre des achats; en même temps la facture est mise à part pour être reliée dans des volumes qui, plus tard, formeront l'histoire complète des achats et dépenses de la Bibliothèque; pour le dépôt, chaque article est porté, s'il provient de Paris, sur un registre spécial, avec numérotage unique par an (de 1 à 6 000 ou 7 000, par conséquent); s'il provient des départements, il est porté sur un registre spécial divisé avec numérotage particulier par département (*Ain*, 1 à tant, etc., *Indre-et-Loire*, 1 à tant, etc., *Nord*, 1 à tant, etc., et ainsi de suite). Les départements qui donnent le plus fort chiffre de dépôt étant naturellement ceux dans lesquels se trouvent des imprimeries considérables, telles que Mame à Tours, Danel à Lille, etc.

Si tous les imprimés étaient des ouvrages en un volume, ou même en plusieurs volumes parus en une fois, le service de l'entrée serait, après tout, extrêmement simple. Mais bien des ouvrages paraissent par volumes successifs, fascicules, livraisons. Tel un dictionnaire de médecine en 100 volumes paraissant par demi-volumes et par trois séries parallèles. Ici il faut commencer à veiller à ce que rien ne manque. Chaque livraison arrivant sera pointée sur une fiche spéciale au livre. S'il manque une livraison, il sera nécessaire d'établir une *feuille de réclamation* au Ministère de l'Intérieur, et l'on sera dans l'obligation de suivre l'affaire jusqu'à ce qu'elle ait abouti à l'envoi à la Bibliothèque de l'article manquant.

Eh bien, les livres paraissant par fascicules ou livraisons ne sont encore rien! on en voit la fin. Le terrible, ce sont les publications éternelles, dont on ne voit pas la fin : les *périodiques*, pour tout dire d'un mot. Et d'abord les revues, journaux illustrés et publications diverses, mensuelles, bimensuelles, hebdomadaires, bihebdomadaires, etc.

Nous touchons ici à ce qui est la caractéristique de la seconde moitié du dix-neuvième siècle, c'est-à-dire à la surproduction en toute chose; nous touchons à un fait moderne, contemporain, que l'on ne connaissait en aucune façon il y a seulement un demi-siècle, et qui maintenant va changer à bref délai l'aspect et le service de la Bibliothèque.

A peine connaissait-on les périodiques au début du siècle. Aujourd'hui, à la Bibliothèque, il y en a trois mille! (en attendant pire). Trois mille périodiques à recevoir, à enregistrer par livraisons, à pointer sur fiches, à surveiller pour qu'il n'y ait nulle lacune. Et certains périodiques étrangers, par exemple, paraissent en cinq ou six séries parallèles et indépendantes. Quelle difficulté pour s'y reconnaître! Il le faut cependant.

A présent, prenons un exemple. Voici la 1041ᵉ livraison de *La Nature*, du 15 mai 1895. Admettons qu'elle soit apportée à la Bibliothèque dans la charrette du vendredi 19 mai. La voilà placée provisoirement à son numéro de dépôt, puis enregistrée à son tour sur le livre des dépôts de Paris, puis pointée sur la fiche où est inscrite l'arrivée de tous les numéros de *La Nature* depuis sa création. Si l'on s'aperçoit qu'une livraison antérieure, la 1059ᵉ ou la 1040ᵉ, n'est pas arrivée, réclamation. Après quoi notre livraison du 15 mai va être portée sur les rayons où se fait l'assemblage des livraisons, où elles s'empilent jusqu'à formation de volumes complets. Ces rayons sont une des curiosités de la Bibliothèque. Ils forment, par série de douze superposés et rapprochés, des travées — si vous voulez, des bibliothèques — lesquelles travées sont au nombre de soixante-trois, et constituent comme des ponts à galeries qui recoupent, à hauteur d'entresol, le vaste local du Bureau des Entrées. On accède à ces ponts par un petit escalier de fer (fig. 1).

Voici donc, sur nos ponts de soixante-trois travées de douze rayons, un bon kilomètre de rayons sur lesquels les périodiques sont placés à la suite, dans le curieux et hétéroclite mélange que donne l'ordre alphabétique absolu. Voici notre 1041ᵉ numéro de *La Nature* posé sur le 1040ᵉ, entre *Nantes-Affiches* et *Le*

Naturaliste d'un côté, et de l'autre *La Négociation, Le Nemrod, Nice poétique, Nice médical* et *Nice-Carnaval,* etc. Il ne reste plus qu'à attendre les livraisons suivantes jusqu'à la fin de l'année.

FIG. 2. — BUREAU DES ENTRÉES, LOCAL DE MANIPULATION ET DE CLASSEMENT DES JOURNAUX.

Le service des périodiques est déjà, vous le voyez, de notre temps, une forte complication, mais il y a bien autre chose : il y a les journaux!

Si ce n'est pas manquer de respect à la Presse, il faut dire que le journal est la plaie actuelle et surtout future de la Bibliothèque. Le journal, songez que ce n'est pas seulement l'*Officiel*, *Le Figaro*, *Le Gaulois*, *Le Temps*, *Les Débats*, etc., etc., bref, les journaux de Paris. Ce ne sont pas seulement les plus marquantes des feuilles de la presse étrangère, lesquelles, venant à la Bibliothèque moyennant achat, sont choisies avec soin et mesure. Ce ne sont pas non plus seulement les grands journaux des départements qui ont une direction quelconque sur l'opinion, et, par suite, peuvent un jour être utiles à consulter. Le journal, c'est aussi tout ce qui s'imprime dans les moindres sous-préfectures, à foison (le département du Nord, par exemple, a soixante-dix journaux politiques); c'est tous les *Avenirs*, tous les *Échos*, tous les *Progrès*, tous les *Propagateurs*, tous les *Conservateurs*, tous les *Républicains*, tous les *Indépendants*, toutes les *Abeille cauchoise*, tous les *Argus soissonnais*, tous les *Conciliateur de la Corrèze*, tous les *Clairon du Lot*, toutes les *Démocratie charolaise*, etc., à l'infini. Et cela se termine par *L'Astrologue constitutionnel* (*sic*). Puis il y a les journaux de modes, les journaux d'art, les journaux de sciences, le journaux de métiers, les journaux de finance, les journaux de sport, les journaux de bicyclisme, etc., etc. Et cela finit par le *Journal des Cuirs* ou *Le Découpage pour tous*! Et tout cela vient à la Bibliothèque, et tout cela se garde, et tout cela encombre!

La manipulation de ce flot de papier s'opère dans un local spécial dépendant du Bureau des Entrées, et parallèle à celui-ci au nord de la porte de la place Louvois (fig. 2). C'est aussi une des curiosités de la Bibliothèque, cette immense salle toute tapissée et recoupée de casiers, avec sa grande table centrale (cette table est encore un pont) sur laquelle se fait le travail : mise en ordre des ballots, dépliage, classement des numéros. Énorme manutention!

En fin d'année, les journaux les plus intéressants entreront à la Bibliothèque proprement dite. Les autres iront, soigneusement empaquetés, s'entasser, remplir un immense magasin au rez-de-chaussée de la rue Richelieu avec retour sur la rue Colbert, (fig. 3) et y dormir d'un sommeil profond, mais non pas éternel. Oui! ces walkyries trouvent des Siegfrieds pour les réveiller et les consulter de temps à autre, notamment à l'époque des élections, en vue de retrouver les anciennes professions de foi et promesses des candidats.

Et quand ce magasin sera plein?

Ici vient naturellement une question capitale en matière de Bibliothèque. Elle n'est pas encore résolue, mais elle se pose. Étant donné l'immense fatras, la formidable masse de non-valeurs et d'inutilités que suppose la surproduction moderne, la Bibliothèque Nationale doit-elle tout conserver?

La Bibliothèque, très brave, très résolue, fixant le péril en face et ne regardant pas à la peine, se déclare prête à faire tout son devoir. Elle n'est pas juge, dit-elle, de la qualité de ce qu'elle emmagasine, pas plus que l'officier de l'état civil n'a le droit d'accorder ou de refuser son ministère à son gré suivant qu'une famille lui plaît ou ne lui plaît pas. La Bibliothèque est l'état civil de l'imprimé, elle doit tout recevoir (sauf les imprimés privés qu'on appelle, en terme de typographe, des *bilboquets*). Nul ne sait ce qui, plus tard, aura de l'intérêt ou n'en aura pas. Faire un choix, c'est ne plus être la Bibliothèque Nationale, c'est descendre au niveau de la bibliothèque d'un établissement scientifique quelconque.

Fort bien, répondent des esprits d'une compétence toute spéciale et indiscutable, mais avec cela vous allez, dans un délai donné, à la mort des sciences historiques. On se noiera dans la masse des petits renseignements de détail, des *documentuscules* que vous offrirez sur le moindre des points d'histoire. Dès aujourd'hui même, vous voyez des travailleurs (?) dépouiller pendant un an les Archives Nationales, trois mois les archives des Affaires Étrangères, de la Guerre et de la Marine, trois mois la Bibliothèque Nationale, et six mois divers dépôts publics ou privés, le tout pour arriver à publier que Napoléon, à son déjeuner, mangeait, non pas un œuf, mais deux œufs!...

Telle est la question décisive qu'il faudra résoudre un jour. Nous ne faisons que l'indiquer en passant.

Revenons au livre qui nous sert de guide et continuons à le suivre. Le voici enregistré et complet. Ici un petit détail de manipulation. Il va falloir en couper les feuillets. Pour cela, la Bibliothèque compte dans ses employés une coupeuse. Armée d'un couteau à papier, cette Parque du Bureau des Entrées coupe, coupe toujours.

Après quoi il faut relier, — dans la limite des crédits insuffisants dont la Bibliothèque dispose.

La reliure s'effectue, soit à la Bibliothèque même, dans un atelier spécial qui, année moyenne, exécute 2 000 cartonnages et 12 000 brochages ou réparations, — soit au dehors, chez des relieurs de la ville, qui, en 1890, ont exécuté environ 2 000 demi-reliures en maroquin, 3 600 demi-reliures en chagrin, basane, toile, et 7 000 cartonnages.

Pendant toute son absence chez le relieur, l'imprimé est représenté au Bureau des Entrées par une fiche spéciale qui en conserve ainsi la trace.

Notons que les journaux français, qui ne coûtent rien comme

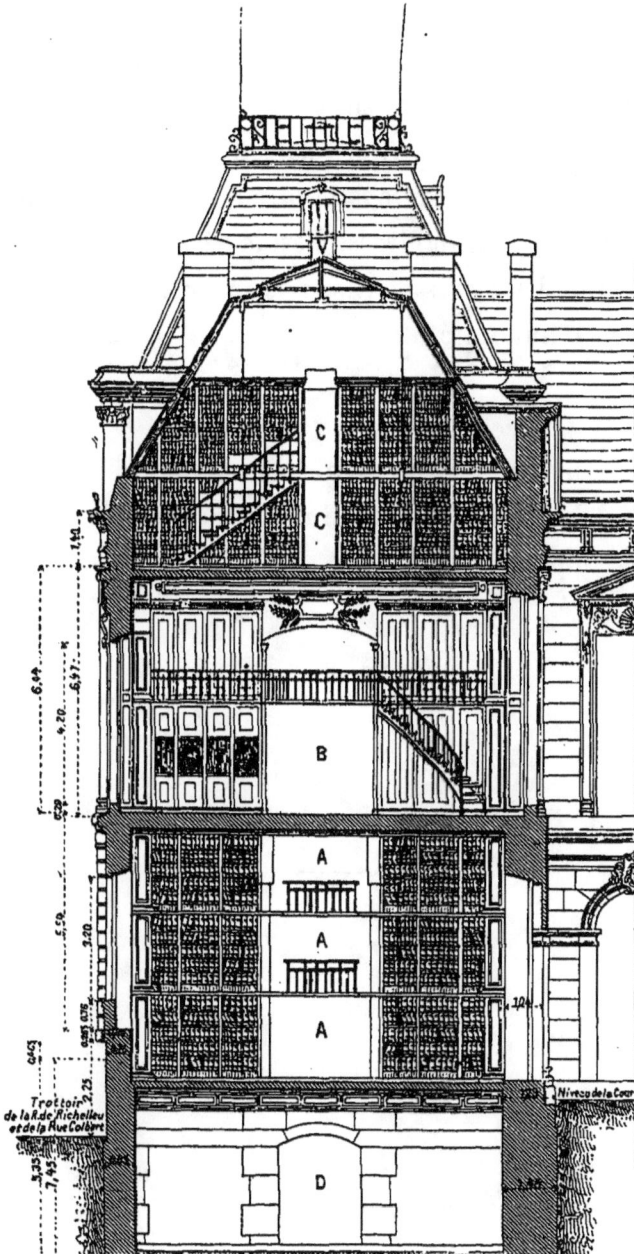

FIG. 3. — COUPE SUR LA RUE COLBERT.

A. MAGASIN DES JOURNAUX. — B. SALLE DE LECTURE. — C. MAGASINS DES COMBLES. — D. SOUS-SOL.

abonnement puisqu'on les reçoit par le dépôt légal, coûtent à la

Bibliothèque, en reliure, l'équivalent du prix de l'abonnement. Par exemple, *Le Temps*, servi gratis, coûte 50 à 60 francs de reliure par an, et ainsi de suite.

Un dernier détail. En entrant dans la cour de la Bibliothèque, vous voyez à droite une petite salle vitrée avec une table sur laquelle posent de fortes piles de livres. C'est le séchoir, où séjournent un mois environ les livres rentrant de la reliure, pour y perdre toute trace d'humidité.

Voilà les livres entrés, enregistrés, assemblés, coupés, reliés. Le Bureau des Entrées a terminé sa tâche, il peut maintenant livrer les imprimés au *Bureau du Catalogue*.

II

Le *Bureau du Catalogue* fait suite au Bureau des Entrées, au rez-de-chaussée, et au sud de la porte. En passant rue de Richelieu, après la place Louvois, vous voyez ses fenêtres qui précèdent immédiatement le poste de police.

Ce bureau, dont nous donnons la vue (fig. 4), est une vaste salle avec « tout ce qu'il faut pour écrire », enregistrer, établir des fiches. Mais il n'offre point, comme le Bureau des Entrées, d'aménagements curieux. Remarquons seulement, à gauche, à hauteur d'entresol, une immense série de cartons, le long de laquelle court une galerie. C'est la collection des pièces de théâtre parues isolément. On a utilisé, pour la placer, une paroi inutile au Bureau du Catalogue.

Si ce Bureau n'offre rien de notable pour l'installation matérielle, il a, au point de vue des services rendus, une importance absolument capitale. Il est, pour la Bibliothèque, l'équivalent de ce que l'on appelle, dans les administrations, le « bureau d'ordre », qui permet de retrouver toujours la trace des affaires. Or, si l'ordre est indispensable dans toute administration, on peut dire qu'ici il est plus qu'indispensable : à la Bibliothèque, l'ordre est l'essence même du service. La Bibliothèque Nationale, avons-nous dit, est un océan de livres ; mais un océan d'une nature particulière, dont chaque goutte, conservant une individualité distincte, ne doit jamais être susceptible de confusion avec une de ses pareilles : il faut pouvoir toujours la discerner sans hésitation et la retrouver à première réquisition. Des bibliothécaires peuvent dire d'un livre : « Nous ne l'avons pas ». Dire : « Nous ne savons pas si nous l'avons », ou « Nous ne le retrouvons pas », serait l'opprobre.

Le bureau d'ordre de la Bibliothèque a pour considérable et délicate besogne :

1° D'inventorier le livre sous un numéro définitif — si vous voulez, sous un numéro matricule — en langage technique, de lui donner une *cote* qui fixera sa place sur les rayons et permettra de le *trouver*.

2° De le cataloguer, en rédigeant une *fiche* qui permettra de le *chercher*, de constater sa présence, de connaître sa cote.

D'une façon générale, et sauf exception, la cotation comprend actuellement trois éléments :

1° Une lettre de série correspondant à l'une des branches du savoir humain ;

2° L'indication du format, importante pour localiser les recherches : on perdrait du temps à chercher un in-folio sur les rayons des in-8° ;

3° Le numéro individuel du livre.

Remarquons que la division générale par lettres de série est une institution deux fois séculaire. La Bibliothèque actuelle n'est plus maîtresse de créer de toutes pièces une division rationnelle des connaissances humaines. Il faut qu'elle suive une voie déjà tracée et continue une tradition ; ce qui n'offre pas, en somme, de grands inconvénients. Remonter si haut est d'ailleurs sa gloire.

Et de plus la Bibliothèque n'a jamais interrompu son service un seul jour depuis Louis XIV : il lui eût donc été matériellement impossible de jamais procéder à la grosse opération d'une refonte.

Nous allons donner la signification des lettres de série. Nous ne

FIG. 1. — LE BUREAU DU CATALOGUE A LA BIBLIOTHÈQUE NATIONALE.
EN HAUT, LES CARTONS DE PIÈCES DE THÉÂTRE.

craindrons pas de citer des chiffres, car nous ferons ainsi connaître la composition de la Bibliothèque. Et puis, quand ils atteignent à cette importance, les chiffres, loin d'être arides, deviennent un élément de curiosité et d'intérêt.

A, B, C, D, D *bis*, sont l'Écriture Sainte, la Liturgie et les Conciles,

les Pères de l'Église et la Théologie. Le tout en 140 000 articles. Pour donner une idée de la manière dont s'accroît la Bibliothèque, mentionnons ici les paroissiens et petits livres de dévotion. Il en est déposé moyennement 500 par an. Au bout d'un siècle, cela fait 50 000, et occupe plus d'un kilomètre de rayons.

E, E', F, sont le Droit et la Jurisprudence, avec 160 000 articles dont 12 000 thèses.

G, Géographie et Histoire générale, 40 000 cotes. — H, Histoire ecclésiastique, 35 000. — J, Histoire ancienne, 35 000. — K, Histoire d'Italie, 18 000.

L, cette lettre est pour nous d'un intérêt puissant, c'est l'Histoire de France, formant le fonds le plus considérable de la Bibliothèque : 260 000 articles en 400 000 volumes. Nous y reviendrons tout à l'heure.

M, N, O, O *bis*, O *ter*, P, P *bis*, Histoire d'Allemagne, 56 000 ; de la Grande-Bretagne, 14 000 ; d'Espagne et Portugal, 7 500 ; d'Asie, 6 500 ; d'Afrique, 3 500 ; d'Amérique, 8 000 ; d'Océanie, seulement 300.

Q, Bibliographie. Cette division ne contient pas moins de 75 000 articles, dont 60 000 catalogues de ventes ou de librairies sous la marque spéciale Q∆.

R, Sciences philosophiques, morales et physiques, 90 000. (Nous y trouvons *La Nature*, sous la cote R, in-4° 45.) — S, Sciences naturelles, 65 000. — T, Médecine, 58 000. Plus un remarquable fonds de 90 000 thèses.

V, Sciences et Arts, 120 000. — *Vm*, Musique, 16 000 volumes, plus 4 000 cartons contenant des morceaux par centaines de mille.

X, Linguistique et Rhétorique, 50 000.

Y. Poésie et Théâtre, fonds considérable, 175 000. Plus une série *Yth*, pièces de théâtre parues isolément, 56 000 dont 50 000 françaises. (Ce sont ces pièces que l'on voit rangées dans le Bureau du Catalogue.)

Ybis, est une section qu'il a fallu créer dès le milieu du dix-huitième siècle pour les Romans, vu leur développement formidable. Actuellement 105 000 articles.

Z, Polygraphes. Section importante où figurent des écrivains qui ont traité des matières variées et que l'on ne peut faire entrer en bloc dans une des lettres précédentes. Par exemple, les œuvres complètes de Voltaire, Diderot, Hugo, etc., 105 000 articles.

Total général : 1 800 000 articles formant 2 000 000 de volumes. Mais c'est 5 000 000 d'articles qu'il faut dire, beaucoup d'articles étant souvent réunis sous un même numéro. Ainsi, 5 000 recueils factices ne comptent chacun que pour un numéro, et contiennent, par exemple : le recueil des Sociétés de secours mutuels, 17 000 pièces ; le recueil des Compagnies de chemins de fer, 22 000 ; la série des petits morceaux de musique, romances, chansons, quadrilles, valses, 200 000 (au moins).

Certains fonds ont une cote plus compliquée et joignent, à la lettre de série, une petite lettre de sous-série. Ainsi le fonds L, de l'Histoire de France, est si considérable qu'il a fallu le recouper en L, généralités ; La, histoire par époques ; Lb, histoire par règnes ; Lc, journaux et publications périodiques ; Ld à Lh, histoire religieuse, constitutionnelle, administrative, diplomatique, militaire ; Li, mœurs et coutumes ; Lj, archéologie ; Lk histoire locale ; Lm, histoire des familles françaises ; et Ln, biographie. Et ces sous-séries, étant souvent elles-mêmes considérables, ont été sectionnées en subdivisions au moyen d'un chiffre en « exposant », adjoint à la cote. Ainsi, dans l'histoire par règnes, Lb^1 est Mérovée (pas très développé, d'ailleurs, le fonds de Mérovée : une dizaine d'articles !) ; Lb^3, Clovis ; Lb^{18}, Saint Louis ; Lb^{37}, Louis XIV (5 000 articles) ; Lb^{41}, la Convention ; Lb^{44}, Napoléon Ier ; Lb^{56}, Napoléon III. Dans la riche série des périodiques Lc^1 représente la bibliographie des journaux ; Lc^2, les journaux politiques ; Lc^3, les journaux religieux; Lc^4, administratifs; Lc^{11}, locaux; Lc^{15}, les journaux de mœurs; Lc^{14}, les journaux de modes; Lc^{22} à Lc^{37}, les annuaires de diverses espèces; etc.

Nous savons maintenant comment le livre est inventorié. Pour le cataloguer, on procède actuellement comme il suit.

Pour chaque livre entrant, il est établi une fiche, rédigée suivant les méthodes convenables en pareil sujet, et avec tout le discernement qu'exige ce travail délicat. Au bout du mois, l'ensemble des fiches est imprimé et donne un *Bulletin mensuel* en deux séries, française et étrangère. Il coûte moyennement 5 000 francs d'impression par année, chiffre bien modeste à côté du budget d'impression du *British Museum*. Mais dans les pays à gros budget militaire, il faut être économe sur le reste, s'ingénier, se débrouiller, ce qui est d'ailleurs dans notre tempérament national.

Le Bulletin est un précieux instrument de recherches mis à la disposition des travailleurs; il est non moins précieux pour la Bibliothèque : on en découpe chaque article que l'on monte sur des fiches au nom de l'auteur et au nom du sujet ou des sujets traités. Ainsi, supposons qu'un officier publie un livre sur l'emploi de l'électricité dans la direction des aérostats pendant les manœuvres. Des fiches seront établies, au nom de l'auteur, à *électricité*, à *moteur*, à *aérostats*, à *art militaire*, etc., et le livre pourra ainsi être retrouvé dans tous les ordres de recherches.

Les fiches, assemblées dans des reliures mobiles simples et pratiques, constituent deux répertoires, l'un par ordre d'auteurs, l'autre par nature de sujets. Ils forment actuellement 900 registres in-folio. Si vous y cherchez un nom d'auteur, Pasteur, par exemple, vous pourrez reconstituer le catalogue de tout ce que cet auteur a écrit. Si vous cherchez le même mot aux matières, vous y trouverez tout ce qui a été écrit sur M. Pasteur.

Tel est actuellement, et depuis l'origine du *Bulletin* (1875 pour les étrangers, 1882 pour les français), le système de catalogue.

Mais il n'a pas toujours été organisé ainsi. Le service d'ordre a subi, dans le cours du temps, des vicissitudes qui ont amené, dans le langage de la Bibliothèque, la distinction des trois fonds *ancien, intermédiaire* et *nouveau*. Il est bon de savoir ce que cela signifie : expliquons-le d'un mot.

Longtemps, du dix-septième siècle au commencement du dix-neuvième, les livres entrant à la Bibliothèque purent être catalogués, recevoir une cote et être classés *méthodiquement* dans leurs séries respectives. L'ensemble des livres jadis pourvus d'une cote constitue l'*ancien fonds*.

Mais la Révolution avait dirigé sur la Bibliothèque une telle masse de livres, l'avait enrichie dans de telles proportions, que les bibliothécaires furent ensevelis sous cette avalanche ; ils essayèrent de se dégager et de se tenir à jour : vains efforts ! Au tiers du siècle, mettons vers 1830 pour fixer les idées, il fallut décidément renoncer à inventorier avec la rapidité nécessaire. On plaça désormais les livres de l'arriéré et les nouveaux arrivants sur les rayons par ordre *alphabétique* d'auteur dans chaque série, système commode pour les recherches, mais qui ne garantit pas contre les disparitions, et comporte des remaniements constants pour l'intercalation des entrants. On avait bien l'idée de « se rattraper » et de se remettre au courant en regagnant. On ne le put. Ce fonds non coté est le *fonds intermédiaire*.

En 1852, on entreprit l'impression du catalogue de diverses séries, L et T, l'histoire de France et la médecine. Le fonds

intermédiaire, le *non-porté*, cessa d'exister pour ces séries. De
plus, on se mit à établir pour les entrants des fiches, mais sans
numéro d'inventaire.

En 1875, on prit un parti décisif. On clôtura partout le fonds
intermédiaire, et l'on décida qu'à partir du 1ᵉʳ janvier 1876 tous
les nouveaux entrants, formant désormais le *nouveau fonds* ou
fonds moderne, seraient inventoriés et catalogués, suivant la
méthode que nous avons décrite. Ce qui fut fait.

Puis on se mit au formidable travail de reprendre, d'unifier, de
compléter la cotation des fonds ancien et intermédiaire en
s'attachant toujours à conserver et répéter les cotes anciennes,
afin de maintenir l'utilité des anciens catalogues déjà existants.
Et, après quinze ans de travail, marchant en dernier lieu à
la vitesse de 10 000 articles revisés par mois, ce grand œuvre
vient maintenant d'être terminé.

Aujourd'hui tous les articles de la Bibliothèque Nationale sont
relevés sur deux millions de fiches. Ces deux millions de fiches, c'est
la matière première, c'est le bloc d'où sortira le *Catalogue général de
la Bibliothèque*. C'est une matière encore massive, d'usage constant
pour les bibliothécaires, mais qu'il faut vivifier pour le public, après
mûres études préparatoires, en abattant les parties inutiles ou
lourdes, en mettant en lumière les parties utiles, en évitant les
chausse-trapes dont est semé le terrain de la bibliographie, où
l'erreur vous guette de toutes parts. Nous ne pouvons entrer ici
dans le détail des difficultés, dans l'explication des méthodes
qu'il faut s'imposer pour la fusion en une seule et immense
suite *alphabétique* de toutes les fiches (aujourd'hui classées *par
séries* conformément à la division en lettres donnée ci-dessus), et
pour l'exécution d'un catalogue qui peut aller à 40 000 pages

in-4° à deux colonnes, et n'a pas le choix, comme le bloc de marbre de la fable, de devenir indifféremment dieu, table ou cuvette. Table il doit être, et table claire. Il le sera, qu'on n'en doute point. L'œuvre est en bonnes mains, et déjà, en 1891, l'Administrateur général de la Bibliothèque disait entrevoir les solutions que comportent les problèmes complexes du Catalogue général. Ce qui veut dire qu'aujourd'hui on doit être prêt à marcher, après autorisation supérieure.

De toute façon le moment présent, qui a vu la fin de l'immense travail de l'inventaire général, marque, pour l'honneur de l'administration actuelle, de M. Léopold Delisle, de M. Thierry, conservateur des Imprimés, de M. Marchal, chef du Bureau du Catalogue, et de leurs collaborateurs, une date notable dans l'histoire de la Bibliothèque.

Voici donc notre livre inventorié, coté, catalogué; on saura désormais le retrouver sur les rayons de la Bibliothèque; il peut donc s'y placer : en langue exacte, il peut entrer en *magasin*.

III

En langage courant, nous appelons *bibliothèque* le meuble ou
les rayons où nous plaçons nos volumes, ou bien encore une salle
spécialement affectée au logement des livres. Or, à la Bibliothèque
Nationale, le terme ne peut plus servir dans ce sens, puisque
le mot de *Bibliothèque* y est déjà pris pour désigner l'ensemble
des bâtiments et des services. La Bibliothèque, c'est aussi bien
l'administration, les entrées, le catalogue, les estampes, les
manuscrits, les médailles, que les salles où sont gardés les
imprimés. Il a donc fallu créer un nom administratif spécial
pour celles-ci. Ce sont les *Magasins*.

La remise des livres aux Magasins, par le Bureau du Catalogue,
s'effectue chaque mois, alors que vient d'être imprimé (sous la
direction de M. Marchal) le Bulletin mensuel dont nous avons
parlé. Il va de soi que ce Bulletin se trouve constituer un borde-
reau de remise tout fait : le service des magasins n'a, pour récolement, qu'à procéder au simple appel des numéros du Bulletin
et à entrer en possession des articles, lesquels, portant tous au
dos leur cote, sont prêts à être placés sur les rayons, en queue
de leurs séries respectives ou des ouvrages dont ils forment
la suite.

De ces rayons, il y en a, à la Bibliothèque, quelque chose

comme *cinquante kilomètres*, aujourd'hui entièrement garnis. On pourrait donc, avec les imprimés de la Bibliothèque, serrés debout les uns contre les autres, faire plus que le tour de Paris : une vraie ligne de grande ceinture !

Cet immense développement de rayons se condense en un

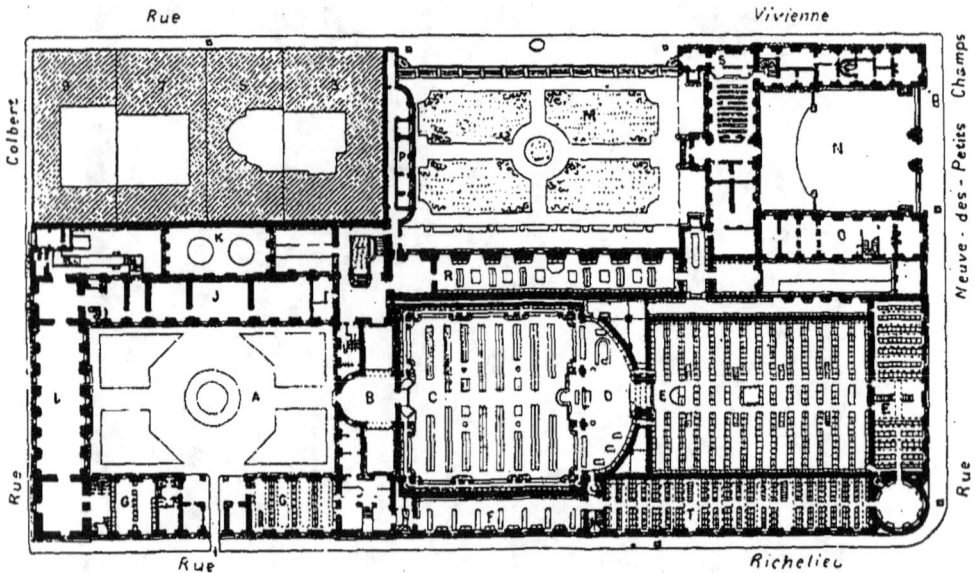

FIG. 5. — LA BIBLIOTHÈQUE NATIONALE.

A. COUR. — B. ENTRÉE. — C. SALLE DE TRAVAIL. — D. HÉMICYCLE. — EE. MAGASIN CENTRAL ET L'UN DE SES PROLONGEMENTS. — T. CABINET DES MÉDAILLES; AU-DESSUS, MAGASINS EN PROLONGEMENT DU MAGASIN CENTRAL, ET COMBLES. — F. BUREAU DU CATALOGUE. — GG. BUREAU DES ENTRÉES; AU-DESSUS, LA RÉSERVE; AU-DESSUS, COMBLES. — L. MAGASIN DES JOURNAUX; AU-DESSUS SALLE DE LECTURE; AU-DESSUS, COMBLES. — R. CABINET DES ESTAMPES; AU-DESSUS, GALERIE MAZARINE. — J. BUREAUX DE L'ADMINISTRATION; AU-DESSUS, SALLE DES MANUSCRITS. — K. SALLE DITE DES GLOBES. — M. JARDIN SUR LA RUE VIVIENNE. — N. HÔTEL DE L'ADMINISTRATEUR GÉNÉRAL. — O. LOGEMENT DU SECRÉTAIRE DE L'ADMINISTRATION; ET ATELIER DE RELIURE. — S. SALLE DE CONFÉRENCES, ATELIER DE MONTAGE DES ESTAMPES; AU-DESSUS, SALLE DES CARTES GÉOGRAPHIQUES. — 3, 5, 7, 9. EMPLACEMENT DISPONIBLE SUR LA RUE VIVIENNE POUR CONSTRUIRE DE NOUVEAUX MAGASINS ET UNE GRANDE SALLE DE LECTURE.

certain nombre de magasins. Le privilégié admis à les visiter subit, la première fois qu'il traverse ces vastes dépôts, une impression d'émerveillement confus : le nombre des livres l'étourdit. (Telle doit être la sensation de ces explorateurs qui, dans notre

4

Midi, pénètrent dans les *Causses* souterraines.) Allant, venant, montant, descendant à travers salles, escaliers, corridors, combles, il ne peut, dans cette rapide vision, se reconnaître. L'ensemble des magasins lui paraît un formidable dédale. Mais, à seconde vue, et surtout le plan à la main (fig. 5), si les proportions du dépôt conservent leur grandeur, sa disposition s'explique comme étant très simple.

D'abord quelques magasins isolés. Celui des *Pièces de Théâtre*, que nous avons vu dans le Bureau du Catalogue (fig. 4). Puis, au premier étage, celui des *Cartes géographiques*, dans un local (provisoire) considérable et intéressant à voir.

Nous connaissons le *Magasin des Journaux* qui fait suite au Bureau des Entrées, rue de Richelieu et rue Colbert au rez-de-chaussée. Au-dessus de ce magasin, au premier, sur la rue Colbert, est la *Salle de Lecture* avec son magasin de 40 000 volumes les plus usuels, placés en partie au-dessus, dans les combles (fig. 3).

Nous n'insistons pas sur la Salle de Lecture (qu'il ne faut pas confondre avec la grande Salle de Travail).

La Salle de Lecture actuelle (fig. 6) est considérée comme provisoire. Quand les nouveaux bâtiments, depuis longtemps projetés, sur la rue Vivienne, seront construits, il est question d'y placer une vaste salle de lecture et de travail, avec un magasin de 100 000 volumes; cette salle serait ouverte le soir, étant donné un système d'éclairage électrique ne laissant rigoureusement aucune chance d'incendie. Les travailleurs pourraient, comme facilité, trouver tout prêts le soir des volumes que, par précaution, ils auraient demandés d'avance dans la journée.... Mais nous n'en sommes pas encore là !

Venons maintenant à l'ensemble des grands dépôts contigus, qui, au total, se ramène très simplement à quatre : 1° le magasin placé dans la *Salle de Travail*; 2° le *Magasin Central*;

FIG. 0. — SALLE PUBLIQUE DE LECTURE (SALLE COLBERT), PENDANT UNE SÉANCE.

3° les magasins que nous appellerons les *Prolongements du Magasin Central*; 4° les *Magasins des Combles*.

Salle de Travail. — A ne la considérer que comme magasin, la Salle de Travail nous offre d'abord, en une série de petites bibliothèques à portée de la main, un dépôt de 8000 volumes pris parmi ceux dont la consultation est de tous les instants; ce sont

les répertoires les plus indispensables dans chaque ordre de connaissances; là sont les Bollandistes, le Dalloz, le Larousse, les
auteurs classiques, les principales histoires et géographies, les
livres fondamentaux de science et d'art, les biographies; enfin
les instruments de recherche, bibliographies, catalogues partiels
de la Bibliothèque, et, dans deux meubles spéciaux, les neuf
cents volumes de répertoires par fiches d'auteurs et de matières,
que nous avons vu établir par le Bureau du Catalogue.

Tous ces ouvrages n'ont même pas besoin d'être demandés et
délivrés par l'intermédiaire des bibliothécaires. Le public les a
directement sous la main, se sert lui-même et les manipule à sa
guise. Plaignons ces livres si nous avons le cœur un peu bibliophile! D'une façon générale, plaignons le livre mis en service
public. On a décrit les ravages exercés sur les bibliothèques par
les rats, les vers, les petites bêtes. Il faut, hélas! y joindre les
désordres graves causés par ce gros microbe qui s'appelle l'homme,
brutal, sans soin, et pas toujours très propre; désordres qui
finissent par faire périr le livre d'une véritable cachexie de sur-
menage. Le *processus* de cette redoutable affection est tel: décolo-
ration du maroquin par exposition au grand jour, bris du dos,
éraillure des nerfs, cassure des coins, salissure de la tranche de
gouttière par les pouces; à l'intérieur, taches d'encre, plis et
cassures du papier par un maniement sans égards; puis, sur les
marges, aux passages les plus consultés, accumulation d'une
noirâtre couche de crasse confluente; c'est la gangrène, précé-
dant les accidents ultimes, les déchirures bientôt multiples que
nulle chirurgie, nulle bibloplastie ne saurait réparer. O Charles V,
dit le Sage, fondateur de la Bibliothèque et patron des biblio-
philes, ô François Ier, bibliophilissime insigne et second père de la
Bibliothèque par l'institution du dépôt légal, voilez-vous la face!
Voici un livre tué de malemort: il n'y a plus qu'à le remplacer,

si possible, par un nouvel exemplaire! Les indifférents et les sceptiques répondront avec calme que les bibliothèques publiques sont faites pour cela.... Et puis, on peut retarder le mal par une mesure prophylactique : la mise des livres les plus précieux dans la *Réserve*.

Les parois de la vaste Salle de Travail, entièrement tapissées de livres sur rayons, constituent un magasin de 100 000 volumes : histoire de la Grande-Bretagne, d'Espagne et Portugal, d'Asie, Afrique et Océanie. Dans le bas, à droite en entrant, est placée la collection des partitions et volumes de musique, de beaucoup la plus riche qui soit au monde.

La Salle de Travail se termine dans le fond par l'*Hémicycle*, où se tiennent les conservateurs adjoints, bibliothécaires et sous-bibliothécaires de service, ayant sous la main, comme indispensable instrument de recherches, les catalogues et bibliographies, et, dans des armoires *ad hoc*, les fameux deux millions de fiches manuscrites.

Au fond de l'Hémicycle nous apercevons, à travers une grande baie vitrée, le Magasin Central. Ici se termine le local accessible au public. Nous allons maintenant pénétrer dans les coulisses de la Bibliothèque Nationale.

Magasin Central. — La grande curiosité de céans. D'un mot, le Magasin Central est une bibliothèque construite il y a vingt-cinq ans sur une ancienne cour pour contenir un million de livres, et qui les contient aujourd'hui. Comme description, rien ne vaut un bon dessin, et nous le donnons (fig. 7). En guise de légende explicative, ajoutons ceci.

Le Magasin Central, qui fait suite à la Salle de Travail comme la scène à une salle de théâtre, est un local grand à peu près comme la cour actuelle de la Bibliothèque (30 mètres de largeur, 40 de profondeur, et toute la hauteur de la Bibliothèque, du sous-sol au faîte). Pour multiplication des surfaces, ce local est recoupé dans le sens vertical, à droite et à gauche, du côté *cour* et du côté *jardin*, comme on dit au théâtre, par treize immenses *portants* ou demi-cloisons-bibliothèques, qui, laissant au milieu un vaste espace vide, établissent de chaque côté quatorze tranches de magasin central, en tout vingt-huit, où peuvent se superposer jusqu'à quarante rayons de livres. Maintenant, pour que tout soit à portée de la main, partageons la hauteur en cinq étages, ce qui nous donnera cinq fois vingt-huit ou cent quarante fragments de magasin, bibliothèques partielles pouvant contenir chacune les volumes par milliers.

Nous aurons d'abord un sous-sol, où se trouvent placés les fonds théologiques. L'étage du dessus est de plain-pied avec la Salle de Travail : là est accumulé le vaste fonds, si souvent consulté, de l'Histoire de France. Dans l'espace du milieu, et portant sur le plancher, des meubles contenant les in-folio, particulièrement les journaux les plus importants. A l'étage du dessus qui, en fait, est le troisième, la Littérature (séries X, Y, Z). Au-dessus, au quatrième, les Sciences physiques, la Médecine, la Bibliographie. Au-dessus, au cinquième, l'Histoire d'Allemagne, les Beaux-Arts, les Sciences naturelles.

Aux trois étages supérieurs, autour de l'espace vide central, faites courir une galerie, et à travers le milieu du magasin, jetez deux ponts pour faire communiquer la partie gauche et la partie droite. Notez que les planchers et les escaliers sont en fer et à claire-voie; ils rappellent, en plus grand, ceux des machines des grands bateaux à vapeur. Et ici, nous tenons une comparaison qui vient naturellement à l'esprit, quand on se trouve accoudé à la galerie du cinquième étage, avec quatre grilles de fer sous les pieds, quand on regarde au-dessous les commis — nous allions dire les mécaniciens — à leur poste près des monte-charges, enfin quand on voit autour de soi cette immense soute à livres, on pense être dans la machine d'un transatlantique, mais d'un transatlantique immense : la machine du vaisseau-fantôme.

Prolongements du Magasin Central. — Nous savons que, par une de ses faces, au nord, le Magasin Central donne sur la Salle de Travail. A l'est, le mur le sépare du Cabinet des Estampes et de la Galerie Mazarine. Il n'y a donc pas à se développer de ces côtés. Mais, à l'ouest et au sud, c'est-à-dire sur la rue Richelieu et sur la rue des Petits-Champs, le Magasin Central est encastré dans les anciens bâtiments de la Bibliothèque installés en magasins : communiquant avec ces magasins, aux divers étages, par des baies, le Magasin Central y a déversé son surplus et en a fait ses annexes, aujourd'hui pleines. Sur la rue des Petits-Champs, le bâtiment est en magasins du rez-de-chaussée aux combles. Mais rue Richelieu et dans la rotonde d'angle, il faut noter l'enclave que vient former le Cabinet des Médailles, occupant au premier un local (provisoire, toujours!) où il réunit ces deux singuliers avantages : d'être gêné pour son compte, trop à l'étroit pour mettre en valeur ses merveilleuses collections, et de gêner le service des imprimés dans lequel il forme un arrêt de circulation, une embolie.

Magasin des Combles. — On pourrait aussi les nommer les *galeries de 180 mètres.* Sur la rue Richelieu, les combles, allant de bout en bout de la Bibliothèque (de la rue Colbert à la rue des

Petits-Champs), sont divisés en deux étages. Un corridor de
180 mètres de long traverse chaque étage, formant une perspec-
tive presque indéfinie (fig. 8). De chaque côté du corridor le
comble est divisé par une soixantaine de cloisons à rayons,
donnant ainsi cent vingt fractions de magasins par étage ; en
tout, deux cent quarante bibliothèques partielles.

Vers son milieu, le corridor s'assombrit en tunnel : il passe
sous les *réservoirs d'eau*, ressource dont la Bibliothèque, espé-
rons-le, n'aura jamais à user.

Les combles contiennent la Jurisprudence, l'Histoire générale,
ancienne, ecclésiastique, et les Romans.

Le cachet particulier des combles, par contraste avec les autres
parties de la Bibliothèque qui sont, du plus au moins, peuplées
et vivantes, c'est la solitude, l'absence de l'être humain, à deux
ou trois commis près : le morne silence. On y est au-dessus des
régions habitées et dans le calme des grandes hauteurs.

Voilà pour le logement du livre à la Bibliothèque. Et maintenant, abordons la grosse question.

Nous avons dit que les livres entrants étaient placés à la suite
de leurs séries, dans des espaces réservés. La vérité est que, de
ces espaces, aujourd'hui, il n'y en a plus. La Bibliothèque est
pleine, archipleine, bondée, bourrée jusqu'à refus, ne sachant où
se tourner, réduite aux expédients, mettant les morceaux de
musique sur les corniches de la Réserve, masquant un rang de
livres par un autre ; mieux même, obligée de poser les livres par
terre dans les couloirs ; bientôt il faudra marcher dessus. Et
pendant ce temps, l'Entrée fonctionne toujours sur le pied
actuel de quarante mille articles par an, quatre millions par
siècle. Et point n'est besoin d'être un Kepler pour remarquer

que la production moderne semble s'accroître non comme
le temps, mais comme le carré du temps. Peut-être les quatre
millions d'articles ne mettront-ils que cinquante ans à arriver.

FIG. 8. — UN DES DEUX ÉTAGES DES MAGASINS DES COMBLES.
GALERIE DE 180 MÈTRES DE LONGUEUR.

D'ailleurs, il est inutile de regarder plus loin que cela. Pour
un demi-siècle le remède est trouvé : il faut construire, sur les
terrains achetés il y a dix ans rue Vivienne, et qu'occupaient des

maisons qui alors menaçaient d'incendier la Bibliothèque (fig. 5).
La construction est plus qu'urgente. Écoutez plutôt une voix
autorisée :

« Quand on a devant soi l'évidence et la nécessité, on ne
discute pas; on n'a qu'à les constater et à s'y soumettre. Les
locaux actuels de la Bibliothèque sont devenus absolument insuffisants; on ne peut plus différer de les agrandir si l'on veut que
ce magnifique établissement puisse continuer à rendre les services que le public est en droit d'en attendre. C'est là une nécessité qui, dès aujourd'hui, est devenue irrésistible. On a multiplié
les étages, les rayons, les tablettes, mais on a beau être ingénieux,
les ressources s'épuisent : à cette heure, on est à bout, on touche
l'infranchissable borne, malgré une bonne volonté qui se trouve
réduite à l'impuissance. Dans toutes les dépenses publiques, il
n'y a pas une allocation plus justifiée que celle-là.... »

Qui parle ainsi? Barthélemy Saint-Hilaire, et avec lui Henri
Martin, M. Lockroy, M. Tirard, tous les membres de la Com-
mission d'achat des immeubles de la rue Vivienne. Et à quelle
date? Il y a quatorze ans. Et qu'a-t-on construit depuis? Rien.
Les pouvoirs publics sont-ils donc mal disposés pour la Bibliothèque? Au contraire, ils connaissent à fond son inappréciable
valeur, ils en sont fiers, et désirent faire pour notre grand dépôt
national tout le possible. Alors pourquoi ne fait-on rien?

Pourquoi? ah! pourquoi? Parce qu'il y a aussi loin de l'inten-
tion à la décision que de la coupe aux lèvres. Parce que les projets
qui ne se réalisent pas de suite dans la chaleur de la première
impulsion se refroidissent et tombent. Pourquoi la Cour des
Comptes étale-t-elle sa ruine au milieu de Paris depuis vingt-
deux ans? Pourquoi une décision est-elle attendue depuis des

années au sujet du Musée des Arts décoratifs? Pourquoi enfin des Ministres, prenant en main la cause de la Bibliothèque, et faisant établir pour son agrandissement la demande de crédits, sont-ils renversés tout juste comme ils allaient déposer cette demande? etc., etc.

Et voilà pourquoi — ceci soit dit sans récriminer contre personne — la Bibliothèque est aux abois....

Revenons à notre livre. Le voici placé sur les rayons. Quelle occasion aura-t-il d'être déplacé?

IV

Le livre placé sur les rayons peut être déplacé :

1° Pour mouvements dans le magasin ;
2° Pour communication au public ;
3° Pour passage dans la Réserve.

Mouvements. — Nécessités par les entrées, ou par l'obligation de tasser encore davantage les imprimés auxquels manque déjà la place, ils ont lieu pendant la fermeture de Pâques. Le public, à la dernière quinzaine du carême, vient se casser le nez sur la porte fermée de la rue Richelieu, où pend un écriteau : *La Bibliothèque rouvrira le mardi de Pâques.* Et chacun de se récrier : « Quinze jours de vacances ! on n'est vraiment pas malheureux à la Bibliothèque ! » Erreur complète. La vérité est que cette quinzaine de fermeture marque pour le personnel un redoublement d'assiduité et de peine. C'est alors que sont exécutés, autant que la pléthore actuelle le permet, les mouvements d'ensemble, comme nous venons de le dire ; puis le nettoyage général, la revision des volumes emmagasinés dans la Salle de Travail : en un mot, tous les travaux incompatibles avec le service public. Sans oublier l'encaustiquage de la Salle de Travail. Le personnel de la Bibliothèque a, pour toutes vacances, le seul lundi de Pâques !

Communications au public. — Ceci est le plus intéressant des voyages du livre, puisque, en définitive, la communication est la raison d'être de la Bibliothèque. La fréquence de ce voyage peut varier : depuis le livre qui est consulté plusieurs fois chaque jour, jusqu'à celui qui ne l'est pas une fois en un siècle.

Le mécanisme de la communication est celui-ci. Le travailleur, remplissant un bulletin de demande, y indique le numéro qu'il occupe dans les trois cent neuf places de la vaste Salle de Travail construite par Labrouste, achevée en 1868, et dont nous donnons l'aspect dans notre grande gravure (fig. 9). Il y porte, s'il les connaît, les indications bibliographiques indispensables, et même la cote, qu'il peut trouver, pour plus d'un demi-million d'articles, dans les catalogues partiels mis, comme nous l'avons dit, à la disposition du public. Puis il va à l'hémicycle remettre ce bulletin à un sous-bibliothécaire de service qui le vise ; enfin, il retourne à sa place et... il attend.

Ici nous touchons encore à une question capitale. Les communications, à la Bibliothèque Nationale, sont-elles promptes à obtenir, ou longues ?

Il faut répondre sans hésiter (dans l'intérêt même de la Bibliothèque) : les communications sont généralement longues, souvent très longues. *Dix minutes, le double, ou même le triple*, dit l'Administrateur général lui-même dans ses *Notes*. Les plaintes du public sont donc fondées ; plaintes, mais non accusations. La lenteur des communications n'est point du fait de la Bibliothèque, et elle se produit malgré l'extrême dévouement du personnel. Elle tient à deux causes : l'une est du fait du public même, et avec le temps pourra disparaître en grande partie, *mais jamais entièrement*.

L'autre est du fait d'un budget tout à fait insuffisant, et il ne faut qu'un crédit pour la supprimer.

Le fait du public, c'est le bulletin mal rédigé, et le cas est fréquent. Sur mille bulletins, *plus de trois cents* portent des indications incomplètes ou seulement approximatives, ou, ce qui est plus grave, fausses. Ces bulletins, loin d'être rebutés par les bibliothécaires, sont au contraire *rectifiés* par eux, au Bureau des Recherches établi dans l'Hémicycle (sous l'active et intelligente direction de M. Blanchet, conservateur adjoint chargé du service public). Sur chacun de ces bulletins fautifs où manquent les indications de l'auteur, de l'éditeur, de la date ou du format, où, par exemple, *Butler* est écrit *Boucler*; *Cagnat*, *Gagnat*; *Garrucci*, *Garoudchi*; où l'on donne comme nom d'auteur *Blanc* pour *Leblanc*, *Schwab* pour *Strauss*; *A. Régnier* pour *E. Régnier*; *Schmidt* pour *Schmitt* et même *Don Pasquale* pour *Pascual Gayangos*, — nous en passons, et des plus singuliers! — sur ces bulletins fautifs, disons-nous, les bibliothécaires dépensent des trésors de sagacité, d'ingéniosité, de ténacité, et d'un flair professionnel spécial qui leur fait deviner à peu près à tout coup *ce que le demandeur a bien pu vouloir dire* et *dans quel sens le public a l'habitude de se tromper.* Et alors les minutes passent, l'auteur du bulletin fautif, le travailleur qui ne sait pas dire exactement ce qu'il demande, s'impatiente, et voue à tous les diables le personnel qui est précisément en train de se livrer patiemment pour lui à des recherches compliquées, fastidieuses et longues!

Avec le temps, le nombre des bulletins incomplets ou fautifs diminue : le public des travailleurs prend de plus en plus

FIG. 9. — LA SALLE DE TRAVAIL A LA BIBLIOTHÈQUE NATIONALE.

l'habitude de se servir, pour établir ses demandes, des instruments de recherches et des catalogues mis sous sa main dans la Salle de Travail; déjà pour un quart les bulletins fournissent d'eux-mêmes les cotes.

Mais viendra-t-il un moment *idéal* où, le Catalogue de la Bibliothèque ayant été publié, le public fournira toujours la cote, ne parlera plus que par cotes, et où les bibliothécaires répondront à toute demande incomplète en exigeant impitoyablement *la cote, la bonne cote*? Non. Ce serait là un triste idéal. On ne vient pas seulement à la Bibliothèque chercher ce que l'on sait; on y vient aussi chercher ce que l'on ne sait pas, et tâcher de trouver les livres pouvant exister sur une matière donnée. Et voilà pourquoi, en matière de dépôt public, il faudra toujours compter comme un élément capital de recherches l'élément complaisance, empressement, savoir et coopération des bibliothécaires. Et plus il s'agira d'un ordre de recherches étendu, nouveau, curieux, imprévu, exigeant des communications multiples et variées (comme cette vaste *Bibliographie de la Révolution* aujourd'hui entreprise par M. Maurice Tourneux), plus le concours du personnel de la Bibliothèque sera indispensable et important.   ✗

Voici donc le bulletin de demande rédigé, complété, rectifié, transmis aux magasins, s'arrêtant peut-être à l'étage du plainpied, peut-être aussi ascensionnant dans les monte-charges et s'en allant loin, bien loin, au fond des combles, où un commis le prendra et cherchera le livre, lequel livre fera en sens inverse le chemin du bulletin de demande, jusqu'à la porte du Magasin Central où sa communication sera enregistrée; enfin le livre entrera dans la Salle de Travail et sera apporté à la place occupée par le communiquant qui l'a demandé.

Ces diverses manœuvres sont longues, et cette fois, par le fait du budget. Nous connaissons maintenant l'étendue des espaces dans lesquels doivent s'effectuer les recherches, magasins et combles, nous savons qu'il y a 50 kilomètres de rayons. Eh bien, pour desservir ces 50 kilomètres de rayons, il y a, en tout, un personnel disséminé de *quatorze* commis.

Inutile de commenter ce chiffre.

Que l'un des commis tombe malade, c'est une véritable perturbation dans le service !

Notez que le courant des communications de la Bibliothèque — qui est aujourd'hui d'un demi-million d'ouvrages par an pour 160 000 communiquants — n'est pas régulier et constant, mais varie suivant les saisons et l'état de l'atmosphère : à son minimum en août, alors le service est possible; à son maximum en février, mai, novembre, époques où les travailleurs s'engouffrent dans la Bibliothèque comme un mascaret, plus de mille par jour, où les bulletins de demande tombent comme grêle, tous à la fois. Il est clair que si un des commis en reçoit dix ou quinze d'un coup, et que s'il met deux ou trois minutes à évoluer, à parcourir les vastes magasins et à chercher un livre, la dixième demande ne sera servie qu'au bout d'une demi-heure. Le remède à cette situation est simple, encore une fois, c'est un crédit.

Après avoir été communiqué, le livre est réintégré à sa place; son voyage à travers la Bibliothèque est ordinairement terminé, jusqu'à la prochaine demande de communication. Une fois sur son rayon, le livre sera protégé par deux genres de surveillance : contre l'incendie par les rondes des gardiens; contre la disparition par ce qu'on pourrait appeler *le récolement constant* que les commis (les quatorze commis) sont tenus d'effectuer, *sans inter-*

rompre leur service : ils doivent toujours avoir l'œil à ce que nul manque ne se produise dans les séries confiées à leur vigilance.

Contre les brutalités matérielles que le public exerce sur le

FIG. 10. — LA RÉSERVE.

livre, il est enfin une mesure de salut, employée pour les ouvrages précieux : c'est de les retirer des magasins ordinaires, où on les remplace par une fiche, et de les faire passer, par une pérégrination nouvelle, dans la Réserve.

6

La Réserve. — En langue administrative, la Réserve est, elle aussi, un *magasin* ; mais le terme ne nous paraît pas assez élevé ici. La Réserve est le *trésor* de la Bibliothèque ; elle abrite ses livres les plus précieux, et il y en a quatre-vingt mille !

Matériellement, la Réserve est une belle et longue salle occupant le premier étage de la Bibliothèque entre la place Louvois et la cour (fig. 10). Elle est refendue par des bibliothèques, et, dans sa hauteur, partagée en deux étages par une galerie à plancher de fer. Dans le promenoir du milieu, contre chacun des corps de bibliothèque, est une vitrine fermant à clef.

La Réserve est fermée par des grilles, comme une geôle. Toutes les fois que son bibliothécaire spécial y pénètre, il doit refermer à clef sur lui ; et lorsqu'il en sort, refermer à clef derrière lui.

Les livres de la Réserve ne sont communiqués qu'à une table spéciale, sous la surveillance constante et attentive d'un bibliothécaire ; au besoin, les livres les plus précieux sont communiqués sous verre, pour éviter toute tache d'encre ou autre accident.

La Réserve de la Bibliothèque Nationale — qui d'ailleurs est aujourd'hui plus qu'absolument pleine et n'offre pas sur ses rayons une seule place libre — renferme tout ce qui dans notre grand Dépôt est plus spécialement remarquable et précieux par la beauté, la rareté ou l'intérêt, et dans tous les genres. Là est l'histoire du Livre depuis l'invention de l'imprimerie, et de la Reliure depuis Louis XII.

Prenez le premier livre qui vous tombera sous la main, à gauche, en tête de série ; ce pourra être quelque *Bible polyglotte* d'Alcala reliée aux armes de Henri II, quelque *Talmud* aux armes du cardinal de Bourbon (le Charles X de la Ligue), ou quelque *Poliphile* des Alde, exemplaire de François Ier. Préférez-vous

attaquer par la droite, en fin de classement? Vous pourrez mettre
la main sur les journaux : *La Gazette de France* aux armes de
Mortemart, ou bien *L'Ami du Peuple*, ou même *Le Père Duchêne*.
Mais quel *Père Duchêne*! L'exemplaire de La Bédoyère, frais, pur,
propre, intact, vierge de marges : un *Père Duchêne* exquis, si ces
mots ne jurent pas d'aller ensemble! Continuez, et, passant
entre les vitrines, où sont exposées des merveilles de reliure, vous
trouverez dans la Réserve, où ils sont entrés de plein droit :
les imprimés du quinzième siècle, les gothiques français du
quinzième et du seizième siècle, les reliures historiques, notamment celles de la bibliothèque des Valois, éternel orgueil de la
bibliophilie et de l'art du relieur-ornemaniste, les reliures d'art,
les séries royales, les livres de luxe, ou rares, ou tirés à petit
nombre (moins de cent exemplaires).

Plus loin, c'est la collection des vélins, la plus riche connue
(trois mille volumes), jadis disséminée, puis au commencement
de ce siècle groupée en un fonds spécial par Van Praet. (Quelques
personnes ont écrit que Henri II, en bibliophile acharné et
autoritaire, avait édicté l'obligation du dépôt d'exemplaires *sur
vélin*; mais cela est une pure mystification.)

Tout au fond de la Réserve, enfin, sept cents petits volumes
environ, que l'on ne communique presque jamais, sont tenus
enfermés dans une armoire, qui est familièrement appelée du
nom réprouvé de *l'Enfer*.

Par opposition nous pourrons trouver le Paradis du Livre.
C'est la *Galerie Mazarine*, qui est le musée de la Bibliothèque. Ce
musée est public, et personne ne devrait manquer de le visiter.

C'est la Galerie d'Apollon du Livre. Dans un local superbe est exposé, depuis 1878, un choix transcendant, effectué par M. Thierry, qui en a dressé un catalogue instructif, de sept cents ouvrages : impressions xylographiques, origine de l'imprimerie dans les Pays-Bas, à Mayence, Strasbourg, en Italie, en Espagne, en Allemagne, etc., à Paris et dans les diverses villes de France; histoire du livre à figures, histoire de la reliure.

Être admis dans la Galerie Mazarine est actuellement l'étape suprême et glorieuse du Livre à travers la Bibliothèque.

Ainsi il y a déjà une sorte de hiérarchie dans l'imprimé, et une hiérarchie avec avancement : le Magasin ordinaire, la Réserve, la Mazarine.

Cela nous amène à penser qu'un jour il pourrait bien y avoir un quatrième degré, mais par en bas; une sorte de *déversoir* où la Bibliothèque encombrée enverra reposer les bouquins sans intérêt, livres inutiles, les innombrables réimpressions, et le fatras des journaux secondaires.

On dira que nous revenons toujours à cette question. C'est que, ayant commencé cette étude sans autre idée préconçue que celle d'initier le lecteur au service intérieur de la Bibliothèque, nous nous trouvons amené à une conclusion importante et très nette.

La Bibliothèque Nationale, à n'en pas douter, est actuellement à un moment de crise. Elle se trouve aujourd'hui à la limite qui sépare l'ancien régime de la production modérée, du nouveau régime de la production centuplée et intensive. Outillée pour l'ancien système, tout va lui manquer, espace, argent et personnel,

pour faire face aux nécessités nouvelles. Cela demande remède.
S'obstiner à vouloir faire fonctionner la Bibliothèque de demain
avec les ressources restreintes d'hier, est une chimère égale à ce
qu'aurait été il y a un demi-siècle, à l'époque de la transfor-
mation des voies de communication, la conception de faire
fonctionner les chemins de fer avec le personnel de l'exploitation
des diligences !

PARIS

IMPRIMERIE GÉNÉRALE LAHURE

9, RUE DE FLEURUS, 9

www.ingramcontent.com/pod-product-compliance
Lightning Source LLC
LaVergne TN
LVHW022040080426
835513LV00009B/1152